INFAMIE
DES PRÊTRES

Dévoilée;

DIALOGUES

ENTRE MM. DE QUÉLEN, ARCHEVÊQUE DE PARIS; GARNIER, SUPÉRIEUR GÉNÉRAL DE LA CONGRÉGATION DE SAINT-SULPICE; DE THARIN, PRÉCEPTEUR DU DUC DE BORDEAUX; FRAYSSINOUS, EX-MINISTRE, ÉVÊQUE D'HERMOPOLIS; L'ABBÉ ARSÈNE, ETC., ETC.

Avant, Pendant et Après

LES 27, 28 ET 29 JUILLET 1830.

PAR UN JEUNE SACRISTAIN DE LA CONGRÉGATION.

Il paraît que les jésuites de Paris, de concert avec le nonce du pape, deux cardinaux, trois archevêques, deux évêques et un évêque *in partibus* français, ont tout fait auprès du Roi de France pour amener à maturité les odieux projets du satrope Polignac.

N. Journal de Paris, 19 août.

PARIS,

LEROSEY, LIBRAIRE, PALAIS-ROYAL,

GALERIE D'ORLÉANS, N. 214, 215, 216 BIS.

1830.

Infamie

DES PRÊTRES

DÉVOILÉE.

ENTRETIEN PREMIER.

Le Supérieur GAENIEN arrive en conférence, accompagné de l'Archevêque de Paris, qui paraît fort agité; 27 juillet à 3 heures du soir.

LE SUPÉRIEUR.

MESSIEURS, monseigneur vient vous prier instamment de nous jeter aux pieds de notre Bonne-Mère pour obtenir d'elle le triomphe de la foi.

DE QUÉLEN.

Oui, messieurs, je vous prie de joindre vos prières aux miennes pour obtenir du canal de toutes les grâces que les rebelles qui osent s'armer contre le ciel, contre nous et contre le roi, soient exterminés de la terre des vivans.

Qu'ils soient écrasés contre la pierre ; qu'ils deviennent la pâture des bêtes sauvages , et que leurs noms ne soient point écrits au livre de vie, afin d'apprendre aux générations futures que le Seigneur sait punir quiconque élève une main coupable contre son Christ.

ARSÈNE , *abbé de vingt-quatre ans.*

Mais, monseigneur ; ces rebelles qui sont-ils , me sera-t-il permis de vous le demander ? Enfermés dans ce séminaire, nous ne savons qu'imparfaitement ce qui se passe dans le monde ; cependant les mots de roi parjure, de sermens de Reims violés, qu'on entend de tous côtés, me font craindre que le roi n'ait causé lui-même ce désordre. Pardon, monseigneur, de la liberté que je prends ; mais je vous assure que vous m'obligeriez beaucoup en me donnant des renseignemens la-dessus.

LE SUPÉRIEUR , (*avec vivacité.*)

Vous devez savoir, monsieur Arsène , que monseigneur est plus capable que vous de juger si des hommes sont coupables ou non ; qu'il n'a nulle explication à vous donner, et qu'il ne doit compte qu'à Dieu des ordres qu'il donne à ses inférieurs. Monseigneur est ici l'image vivante de la divinité : vous devez toujours supposer que ce qu'il vous demande est juste; s'il pouvait en être autrement ce serait Sa Grandeur qui en porterait la peine et non vous. Votre devoir est d'obéir.

DE QUÉLEN, (*saluant avec bienveillance le Supérieur.*)

Je vous remercie, monsieur le Supérieur, cependant je crois pouvoir répondre et donner les renseignemens qu'on demande.

LE SUPÉRIEUR.

Votre Grandeur est trop bonne !

DE QUÉLEN.

Le roi, qui est convaincu que les ministres des autels sont incapables de lui conseiller des actes indignes du trône et de sa gloire, a dans sa profonde sagesse, rendu deux ordonnances le 25. La première sur la liberté de la presse, la seconde sur les élections. Vous dire le bien que doivent procurer ces ordonnances et le besoin que nous en avions me paraît beaucoup trop long. Je me bornerai donc à vous apprendre que notre Saint-Père le pape, les cardinaux, les archevêques, évêques, et en général tout le clergé, ont approuvé et approuvent fortement tout leur contenu.

Les journalistes, les calomniateurs de toute espèce, et les marchands de mensonges, se voyant frustrés du gain de leur infâme commerce , ont jugé différemment de ces deux pièces. Cela n'est pas étonnant! quand on n'a nulle espèce de religion ; quand on ne croit pas à une vie future ; quand on est pétri d'orgueil; quand on veut dominer; on ne doit pas désirer la paix , surtout quand on se trouve dans un rang inférieur. Voilà ce qui a amené le. troubles , voilà ce qui a armé une vile populace contre le trône et l'autel.

UN SÉMINARISTE.

Sa Grandeur ne nous a pas satifait : Pourquoi entend-on les cris de *roi parjure , de sermens de Reims violés ?* Voilà l'état de la question , c'est à quoi il fallait répondre.

LE SUPÉRIEUR , (*avec feu.*)

Oh, Jesus Maria, où sommes nous ? Monseigneur, je vous demande pardon pour ces étourdis , ils ignorent les égards qu'on vous doit, mais je vous promets d'y mettre ordre.

Je suis étonné, et à juste raison, messieurs, que deux de vous se soient permis de manquer aussi grossièrement à monseigneur, j'espère que ce sera la première et dernière fois.

LE SÉMINARISTE.

Je vous prie de croire, monsieur le Supérieur, que je n'ai jamais eu l'intention d'offenser notre saint archevêque.

ARSÈNE.

Ma pensée n'a pas été non plus de déplaire à Sa Grandeur ; mais bien de savoir, si des hommes qui refusent d'obéir à un roi qu'on dit parjure, sont dignes de toutes les peines prononcées par elle. Si Marie peut écouter les prières que nous lui adresserons en faveur de ce roi ; et si enfin nous paraîtrions raisonnables de faire des vœux pour celui qui viole la Charte.

LE SUPÉRIEUR.

O divine Marie, donnez-moi la patience !... Arsène, je vous ai déjà dit le cas que tout bon chrétien doit faire de ce pacte. Si la religion catholique apostolique et romaine, la seule qui soit bonne, et qu'hors de son sein il n'y ait point de salut, vérités que personne ne peut contester, il s'en suit, que la Charte qui les assimile toutes, est une œuvre de ténèbres, et qu'on n'est obligé à rien quand on a juré de la maintenir, par la raison qu'on ne peut jamais s'obliger à sapper les fondemens des lois de Dieu et de son Église.

Du reste, quand même le pacte ne serait pas contraire à la raison et à la paix de l'Église ; je soutiens que le roi n'est pas obligé de tenir son serment, si le Saint-Père, de qui tout pouvoir émane, et les évêques qui lui ont donné l'onction sainte, le détient de ce serment ; or , c'est ce qu'ils font par le fait en approuvant sa conduite.

ARSÈNE.

Vous êtes donc toujours persuadé, monsieur le Supérieur, que les rois tiennent leur couronne du pape ?

LE SUPÉRIEUR.

J'en suis tellement convaincu que je le signerais de mon sang, que je donnerais mille vies si je les avais pour sceller cette grande vérité. Et quiconque a lu l'Évangile et n'en est pas aussi certain que moi est un sot, ou un pervers qui refuse de se rendre à l'évidence le plus palpable.

ARSÈNE.

En ce cas je suis un sot ou un pervers ; car je vous avoue que j'ai lu plusieurs fois ce saint livre, et que ces vérités ne m'ont pas sauté aux yeux. Mon petit esprit croit même découvrir des passages tout à fait opposés : *Mon royaume n'est pas de ce monde,* ne me dit pas du tout que les papes soient les maîtres de l'univers. Je sens, monsieur le Supérieur, que jamais aucun de vos ministres ne s'est permis de vous tenir ce langage, et que vous devez souffrir de m'entendre parler avec tant de hardiesse ; mais les temps sont changés.

LE SUPÉRIEUR.

Oui, les temps sont changés ; mais les vérités ne le sont pas. Ce qui était vrai hier l'est encore aujourd'hui.

ARSÈNE.

J'en conviens ; mais que s'ensuit-il de là ? La seule chose que j'y vois, c'est qu'aujourd'hui comme hier vous attribuez au Saint-Père un pouvoir qu'il n'a reçu d'aucune puissance divine ni humaine.

LE SUPÉRIEUR.

Comment, monsieur, n'avez-vous pas lu dans l'Évangile que le souverain pontife a reçu de Dieu un glaive à deux tranchans ? Connaissez-vous assez peu les Saints Pères pour ne pas savoir que tous sont d'accord sur ce point ? Ignorez-vous que tous les saints conciles ont été unanimes sur ce grand pouvoir ? Si vous aviez la moindre notion de l'histoire de votre propre pays, vous sauriez que les papes ont usé plusieurs fois de ce glaive envers plusieurs rois, et qu'il n'y a eu que des incrédules, des téméraires comme vous qui aient trouvé cela mauvais.

ARSÈNE.

Je conviens que je suis très-ignorant ; mais je ne le suis pas assez pour avoir perdu le souvenir de la conduite d'Innocent *III*, envers *Raimond VI, comte de Toulouse*, je sais que ce prince reçut humblement des coups de verges, se soumit à la pénitence publique, et fut dépouillé de ses états.

Ce qui s'est passé au concile général de Lyon tenu en 1245, ne m'est pas non plus inconnu : je sais qu'Innocent IV se donna la liberté de déposer *l'empereur Frédéric II.*

J'ai lu aussi dans l'histoire que *Conradin*, petit-fils de Frédéric, roi de Sicile, eut la tête tranchée à Naples an 1268, et cela fut fait à la sollicitation du pape. Ces faits et une foule d'autres que je voudrais pouvoir effacer de ma mémoire, ne sont pas du tout capables de porter la conviction dans mon esprit.

Le monde éclairé, loin de tirer de ces faits la conséquence que les papes ont la suprématie sur toutes les têtes couronnées, n'y voit que des crimes dont les auteurs méritent l'exécration du genre humain.

DE QUÉLEN.

Mais, monsieur Arsène, vous qui faites l'entendu dans la politique, et qui paraissez ne pas approuver les ordonnances qui viennent d'être rendues, pourriez-vous nous dire s'il y avait un autre moyen aussi prompt que celui-là pour sauver la foi et la monarchie ?

ARSÈNE.

Selon moi, Monseigneur, ni la monarchie ni la foi n'étaient en danger, dans ce cas il n'était pas difficile de les sauver. Mais la foi aurait-elle été en danger que nul homme n'a le droit ne violer ses sermens pour la sauver? c'est à Dieu seul qu'il appartient de la préserver de sa ruine si cela est utile à sa gloire. Quant à la monarchie, l'esprit le plus ordinaire comprendra sans peine qu'on ne consolide pas un édifice en en sapant les fondemens.

DE QUÉLEN.

Je vois, monsieur le philosophe, que vous avez dit vrai quand vous nous avez assuré que vous ne saviez qu'imparfaitement ce qui se passe dans le monde. Si vous en étiez mieux instruit vous trembleriez à la vue du danger qui nous menace; et vous sauriez que la presse seule est la cause de l'indifférence du peuple pour les saintes cérémonies. Que sans les journaux, les ministres du Seigneur, au lieu d'être hués partout, seraient respectés, aimés et chéris comme dans la primitive église.

ARSÈNE.

Les prêtres de la primitive église, Monseigneur, étaient pauvres; plus pauvres que leurs paroissiens, ils vivaient d'aumônes; ils n'avaient pas des voitures chargées d'or, encore moins des châteaux magnifiques à la campagne et des palais à la ville. *Ils étaient chéris et respectés* dites-vous, faites-vous petit, Monseigneur, ne songez qu'à obliger, et l'amour de vos ouailles qui fuit vos lambris dorés, viendra vous trouver sous le chaume.

Alors les journalistes frappés de vos vertus apostoliques, changeront leurs sarcasmes en éloges.

DEUXIÈME ENTRETIEN.

Le Supérieur; Messeigneurs DE QUÉLEN et de THARIN; Tous les Professeurs dans le salon de M. le Supérieur.

THARIN.

Je m'échappe de Saint-Cloud pour venir verser dans votre sein mes craintes et mes alarmes. Oui, monsieur le Supérieur, j'ai beau approuver les moyens de rigueur qu'on emploie contre le peuple, je crains, je ne sais pas pourquoi ! Je vois une effervescence partout qui ne présage rien de bon. On entend des coups de feu de tous les côtés. Les élèves de l'école Polytechnique, se sont mis à la tête du peuple, ils se sont emparé de plusieurs postes, ils ont pris l'arsenal, et maintenant des détachemens nombreux repoussent nos troupes, et nous tuent beaucoup de monde. On se bat au faubourg Saint-Antoine, à la place Maubert, à la porte Saint-Martin, à la Bourse, mais le plus fort est à la Grève. Que deviendrons-nous si.....

DE QUÉLEN.

Vous vous épouvantez à tort, mon cher Tharin : j'ai des gens qui viennent me rendre compte à chaque instant de ce qui se passe, et jusqu'à présent aucun bourgeois remarquable ne s'est mis sur les rangs. Ce n'est que le vil peuple qui crie, qui s'expose à la mort. Si Raguse a soin de déployer un peu de vigueur, tout rentrera dans l'ordre.

THARIN.

Je ne le crois pas. Le peuple est indigné, il veut secouer le joug. Et nous qui avons, comme il le sait, conseillé ce coup-d'état, nous serons sans doute ses premières victimes.

DE QUÉLEN.

Bah !

THARIN.

Bah ! je ne vois pas que vous ayez plus lieu que moi d'être indifférent sur le massacre qu'on fait de vos diocésains !

DE QUÉLEN.

Mes diocésains, sont ceux qui obéissent a ma voix, pour les autres. je les récuse.

THARIN.

En ce cas vous en récuserez beaucoup; car je n'en vois pas beaucoup qui écoutent votre voix. (Ceci soit dit sans vous offenser, mon cher confrère.) Mais depuis que vous avez souhaité au roi de voir à ses pieds ses ennemis du dedans, tout Paris vous désapprouve.

DE QUÉLEN.

Que m'importe d'être approuvé ou non d'une foule d'athées, d'incrédules, de manans et de sots, pourvu qu'on m'applaudisse à la cour de Rome et qu'on m'accorde des faveurs aux Tuileries. Je reçois mon traitement du trésor royal ; la reconnaissance me fait un devoir de faire tout ce qui peut plaire au roi.

Un domestique de M. de Quélen entre.

Monseigneur, d'après vos ordres je me suis rendu sur les quais près de l'Hôtel-de-Ville; j'ai vue les élèves de l'école Polytechnique qui étaient à la tête du peuple, et qui chargeaient avec vigueur notre garde. Les élèves ont à leur tête deux pièces de canon qui font beaucoup de ravage dans nos rangs; mais le plus grand nombre de morts et de blessés est du côté du peuple : notre artillerie les charge à mitraille et en fait tomber comme des mouches.

DE QUÉLEN.

Tant mieux! tant mieux! Voit-on des hommes bien habillés parmi nos ennemis? Avez-vous découvert des gardes-nationaux?

LE DOMESTIQUE.

D'abord je n'ai vu que des ouvriers assez mal vêtus, des hommes qui étaient de la classe la moins fortunée. Ils étaient guidés par des étudians en droit ou en médecine, que précédaient toujours quelques élèves de l'école Polytechnique. Ceux-ci servaient les pièces. Insensiblement ont paru des bourgeois, de vieux militaires, et quelques gardes-nationaux.

LE SUPÉRIEUR.

Pensez-vous que les deux partis soient d'égale force ?

LE DOMESTIQUE.

Je ne pourrais pas vous le dire sûr , mais ce qu'on voit clairement c'est que l'acharnement est le même des deux côtés. Les bourgeois armés de piques, de bâtons, de sabres et de mauvais fusils, ne craignent nullement les soldats armés. La victoire paraît incertaine. Dans les rues où l'on ne se bat pas tout le monde s'occupe à faire des cartouches, à arranger des fusils, à casser les reverbères. Une arme est un trésor que l'on se dispute. J'ai vu dans la rue de la Harpe des jeunes gens qui écumaient de rage, tant ils souffraient de ne pas pouvoir aller se battre faute d'armes.

DE QUÉLEN.

C'est bien, faites-vous donner à dîner et vous retournerez ensuite à la découverte. Je saurai récompenser ces services.

(*Le domestique sort.*).

THARIN.

Hé bien, mon cher Quélen, qu'en dites-vous à présent !

DE QUÉLEN.

Moi, je commence à craindre ; mais je n'en persévère pas moins dans ma résolution. *Pas de concessions* a été, et sera jusqu'à la mort ma devise. Le peuple n'est fort que de notre faiblesse. Si Raguse connaissait la canaille comme moi, il n'aurait pas tant de ménagemens pour des pervers. Épargner les méchans, c'est être sot, c'est vouloir être vaincu.

LE SUPÉRIEUR.

Il est peut-être plus embarrassé que vous ne croyez. A sa place nous agirions peut-être comme lui.

DE QUÉLEN, (*avec feu.*)

A sa place dans trois heures tout serait mort ou soumis.

THARIN.

Mais le sang, mon cher ami, le sang qu'il faudrait répandre pour exécuter votre volonté, le comptez-vous pour rien ?

DE QUÉLEN.

Le sang de la canaille ! Le sang d'un vil troupeau dévoué à Satan ! Eh sans doute que je le compte pour rien ! Quel cas prétendez-vous qu'on en fasse ?

PLUSIEURS PROFESSEURS.

Oh ! Monseigneur !

LE SUPÉRIEUR.

Mais, Monseigneur ?

DE QUELEN.

Il n'y a pas de *mais !* L'homme pervers mérite d'être anéanti, et Raguse en les ménageant devient coupable lui-même. Tharin, faites-moi l'amitié de repartir tout de suite pour Saint-Cloud, et informez le roi de la lenteur qu'on met à exterminer les rebelles. Vous ne pouvez rendre un plus grand service à la religion et à l'état.

TROISIÈME ENTRETIEN.

Le Supérieur; DE QUÉLEN; DE FRAYSSINOUS; les Séminaristes dans la salle des conférences; 28, à 4 heures du soir.

DE FRAYSSINOUS.

Oui, monsieur le Supérieur, Polignac a assuré au roi, devant moi et devant le dauphin, que ce feu n'était rien, et que bientôt les rebelles seraient à nos pieds.

LE SUPÉRIEUR.

Mais on n'a pas cessé d'entendre depuis hier des feux bien nourris dans tous les quartiers de la ville. La Grève a été le théâtre des combats les plus sanglans, et nos ennemis sont restés maîtres de cette place, ainsi que de l'Hôtel-de-Ville. Cela ne confirme guère l'opinion de Polignac.

DE FRAYSSINOUS.

Je vous avoue que les dangers que j'ai courus pour arriver jusqu'ici, et ce qu'on m'a rapporté d'ailleurs, m'ont presque convaincu que Polignac est un étourdi dont l'entêtement causera notre ruine. C'est un imbécille sans talens et sans expérience.

ARSÈNE.

Bien parlé! bravo!

DE QUÉLEN.

Je ne suis pas de votre avis; j'avoue, il est vrai, que Polignac est une ganache. Mais une ganache qui tient fortement aux bons principes, qui veut rétablir le clergé dans ses anciens droits, est selon moi un animal très-utile auprès du roi. Ce qu'il y a de malheureux pour nous, c'est que l'armée ne le seconde pas. Si les chefs de l'armée étaient bons, la victoire ne serait pas incertaine.

DE FRAYSSINOUS.

Eh, que diable voulez-vous que fasse l'armée?

DE QUÉLEN.

Je veux qu'elle massacre tout indistinctement!

DÉ FRAYSSINOUS.

Eh, fait-elle autre chose? Tous les quais sont encombrés de cadavres. Le sang de vos Parisiens remplit tous les ruisseaux. Les hospices regorgent de blessés. Mille maisons particulières ont été transformées en ambulances.

On n'entend partout que des cris. Les femmes sont veuves, les enfans orphelins. La rage et le désespoir sont gravés sur tous les visages. Le soldat est fatigué de tuer. Et vous osez accuser cette armée d'épargner le peuple?... Et selon vous il n'y a pas assez de sang répandu?.. Adieu, je ne saurais supporter plus long-temps la présence d'un homme d'un tel caractère. Je retourne à Saint-Cloud. (*Il sort.*)

ARSÈNE.

Bravo! bravo! Voilà un évêque qui est encore homme.

LE SUPÉRIEUR.

M. Arsène, vos bravos me déplaisent beaucoup. Je vous ordonne de venir à l'instant en demander excuse à monseigneur, ainsi que des impertinences que vous lui avez dites hier.

ARSÈNE.

Pour demander pardon, il faut se sentir coupable, et moi je ne me reproche rien. Ce que j'ai dit hier, je le pensais, et je le pense encore aujourd'hui. Ainsi, vous le voyez, rien ne m'oblige à m'humilier.

LE SUPÉRIEUR.

En ce cas, vous sortirez du séminaire, et je vous défends d'y jamais remettre les pieds.

ARSÈNE.

Je sortirai du séminaire, et j'en sortirai sans regret.

LE SUPÉRIEUR (*avec ironie.*)

Je sais que la reconnaissance n'est pas votre lot.

ARSÈNE.

Et de quoi voulez-vous que je vous sois reconnaissant? Pour être reconnaissant, il faut avoir reçu des bienfaits.

LE SUPÉRIEUR.

Comptez-vous donc pour rien l'éducation que vous recevez ici depuis trois ans.

ARSÈNE.

Non, monsieur le supérieur, non; et malheureusement non. Je me souviendrai toujours que quand un mauvais esprit me conduisit ici, j'étais chrétien fervent et homme heureux. Voyant la religion en grand, je la croyais fondée sur des bases solides. Grâce à vos instructions, à vos argumentations, j'ai appris :

Que notre religion catholique, apostolique et romaine est bâtie sur le sable;

Que la confession est une œuvre des ténèbres dont on abuse chaque jour, et surtout envers les femmes.

Que plus on étudie les traités de théologie, moins on les comprend :

Qu'il suffit de vouloir prouver aux autres l'immaculée conception de Marie, l'éternité des peines, l'incarnation d'un dieu, les souffrances d'un dieu et la mort de Dieu, pour tomber soi-même dans ce doute, et ne plus croire à rien.

Je n'oublierai pas non plus vos maximes favorites :

Gagnons les femmes, avec celles nous viendrons à bout de tout. Une femme qui a la foi fait tant dans son ménage, que le mari, fatigué, est obligé de céder.

Ne cédons jamais, si nous fléchissons sur un seul point, nous sommes perdus.

Vous n'avez pas voulu céder; vous avez tout mis en œuvre pour les élections. Vous avez troublé les consciences; vous avez tonné, tempêté. Eh bien, jouissez du fruit de vos travaux. Abreuvez-vous de sang.

Je sors. Au lieu de prier le ciel, d'avilir ma patrie, de la soumettre à un joug ignominieux, je vais faire tous mes efforts pour la secourir, répandre mon sang, s'il le faut, pour lui procurer la liberté.

Et si jamais je pouvais faire entendre ma voix au chef de l'Etat. Je lui crierais de toutes mes forces : Détruisez les séminaires, ces vestibules de l'enfer! Détruisez ces repaires de bêtes féroces! Détruisez ces ennemis de l'Etat! Malheur, et trois fois malheur à quiconque nourrit de pareils serpens! Ne craignez pas de manquer de bons prêtres, si vous n'avez pas des séminaires. Ce sont les séminaires, et les séminaires seuls, qui font les mauvais prêtres. C'est là qu'ils apprennent à devenir hypocrites. C'est là qu'ils apprennent à prêcher aux autres de *grandes vérités*, qu'ils ne croient pas eux-mêmes. C'est là qu'ils apprennent à faire usage des restrictions mentales. Enfin, c'est là qu'on forme ceux qui conseillent aux rois de violer leurs sermens, et de faire massacrer les peuples. (*Il sort.*)

QUATRIÈME ENTRETIEN.

Le Supérieur; DE QUÉLEN; DE JANSON; le 29.

DE JANSON.

Tout est perdu, la canaille l'emporte... Je vais partir pour les Pays-Bas.

DE QUELEN.

Je me suis échappé par miracle! J'étais à

peine hors de mon palais, qu'une bande de pervers en a forcé toutes les portes. D'abord ils paraissaient vouloir tout respecter, mais ayant découvert cent poignards, et des barils de poudre que j'avais fait cacher dans les greniers, au calme a succédé la rage la plus effrenée. A coups de sabre, à coups de crosse, à coups de baïonnettes, mes meubles, mes habits, ma bibliothèque, mes ornemens archiépiscopaux, tout a été mis en pièces, déchiré, et jeté à la rivière. Enfin, ce qui n'a pas pu passer par les croisées est devenu la proie des flammes.

Je me sauvais, et rendais presque grâces à Dieu, lorsqu'on a arrêté ma voiture; je n'ai eu que le temps de sauter par la portière opposée, et je leur ai abandonné un trésor immense... Oh!... que j'enrage!...

UN DOMESTIQUE. (*arrivant à la hâte.*)

Monsieur le Supérieur, il n'a pas été en mon pouvoir de parvenir jusqu'à Issy avec le fiacre. J'ai été arrêté à Vaugirard, et votre or, les vases sacrés et l'argent des élèves, tout m'a été enlevé. Je me suis échappé pour venir vous en porter la nouvelle.

LE SUPÉRIEUR.

Corbleu, nous sommes perdus! C'est tout ce que nous possédions! Encore si nous étions vainqueurs, je me consolerais ; mais nous sommes vaincus, mais nous devenons la proie de cette vile canaille ! Quoi, nous avons prié trois jours entiers, et le ciel est insensible à nos larmes ! et le ciel n'exauce pas nos vœux !!

LE DOMESTIQUE.

Mais, si notre cause était mauvaise...

LE SUPÉRIEUR.

Tais-toi, imbécille. Notre cause mauvaise ? C'est pour la foi, que nous combattons, c'est la propre cause de Dieu !

LE DOMESTIQUE.

Moi, je croyais que c'était pour nous que nous combattions ; que c'était pour conserver nos biens et nos honneurs ; pour avoir le plaisir de dominer sur cette *vile canaille*, comme vous dites. Mais maintenant que vous m'éclairez, je pense comme vous, que Dieu devait défendre sa propre cause ; et qu'il a tort de ne pas écouter nos prières. Voyez cependant ce que c'est, si un homme en avait fait autant, il serait vilipendé, traité de sot, d'imbécile, de rustre, d'animal, que sais-je ? Tout tomberait sur lui... En vérité, je ne le conçois pas !...

Monsieur le Supérieur, savez-vous où il était quand nous combattions pour lui ?

LE SUPÉRIEUR.

Laisse-moi, ignorant. *Où il était ? où il était ?* Dans le néant, sans doute, puisqu'il n'a pas entendu notre voix. J'enrage... Je ne me sens plus !... Que deviendrons-nous ?

LE DOMESTIQUE.

Pourquoi aussi vous êtes-vous plutôt adressé à Dieu qu'à notre Bonne-Mère ? Pourquoi faire cette insulte à notre patronne privilégiée ? Aviez-vous oublié que *Marie est le canal de toutes les grâces ? Qu'elle est dans le ciel comme une maîtresse-femme dans son logis ? Que le bon Dieu ne fait rien sans elle ? Que tout le bien qui descend sur la terre passe par ses mains ?* Ce sont là vos propres expressions, c'est votre croyance, comment avez-vous fait pour l'oublier ?

LE SUPÉRIEUR.

Tais-toi, te dis-je, esprit étroit, *c'est ma croyance !* C'est ce que je dis que je crois... Oh !... je n'y tiens plus !... Je me déchirerais les entrailles, quand je songe dans quel gouffre de mépris nous allons être précipités !..

Qu'on aille chercher les armes ; que chacun se tienne prêt ! Oui, plutôt mourir que de tomber dans le mépris.

O rage ! ô désespoir ! ô calotte, ma mie !
N'as-tu donc tant vécu que pour cette infamie !

N'as-tu donc fabriqué tant d'illustres prélats,
Que pour être asservie à de sales goujats !
Affreuse liberté, fatale à ma calotte !
Bonheur de mon pays, qui te jette en la crotte !
Cruels ressouvenirs de tes honneurs passés !
Services de trente ans en un jour effacés !
Faut-il de ton vieux cuir voir triompher la France,
Te garder sans honneur et loin de l'abondance ?
Sans mourir de dépit. Verrons-nous le savoir
Planer sur l'ignorance et le saint encensoir !
Quoi donc ! le savant seul, désormais sur la terre,
Obtiendra les honneurs dûs aux enfans de Pierre !
Non, cela ne se peut !...

UN PROFESSEUR.

Je viens de parcourir tous les quartiers de Paris, et d'après ce que j'ai vu et entendu, tout paraît devoir bientôt rentrer dans l'ordre. Nulle part on ne parle de détruire le clergé. Beaucoup de monde, il est vrai, est courroucé contre Monseigneur ; mais nous, nous n'avons rien à craindre ; nous pouvons rester tranquille ; il ne nous sera fait aucun mal.

LE SUPÉRIEUR.

Vous êtes dans l'erreur. Je suis convaincu, moi, que le peuple veut notre mort. Nous avons trop fait pour qu'il puisse nous épargner. J'ai entendu d'ici les cris d'*à bas la calotte*. Enfin....

LE PROFESSEUR.

Vous jugez mal les intentions du peuple. Je

vous répète que dans les rues de la ville rien ne paraît hostile. Tout le monde est occupé à panser les blessés, à enterrer les morts, à réparer les dégâts causés dans ces trois derniers jours; enfin, j'ai la conviction que nous ne seront pas traités comme nous devions nous y attendre. Quant aux cris : *à bas la calotte*, ce sont des cris impuissans de quelques mauvais sujets, de quelques hommes sans aveu, que désapprouvent ouvertement tous les bourgeois. Ainsi, Monsieur le Supérieur, bannissez la crainte.

LE SUPÉRIEUR.

Quoi, mon ami, vous croyez que les parisiens laisseront la vie à ceux qui ont fait massacrer leurs concitoyens? qu'ils laisseront en place ceux qui ont toujours été et seront toujours les ennemis éternels du gouvernement qu'ils veulent? Non, mon ami, non, ne les croyez pas assez fous.

Ce calme que vous interprétez en notre faveur ne présage rien de bon pour nous; c'est le sentiment intime qu'ils ont de la bonté de leur cause, c'est la preuve certaine qu'ils sont convaincus que nous ne pouvons pas éviter leurs coups. Gardez-vous de vous embarquer sur de pareils augures, votre naufrage ne serait peut-être pas éloigné du port. J'ai vu la révolution du dernier siècle : on parlait de

calme comme aujourd'hui , et vous ¡savez quel
en a été le résultat.

DE QUELEN.

Je ne suis pas de votre avis , mon cher Garnier , je vois davantage le monde que vous ,
je connais un peu les esprits. J'avoue que je ne
regarderais pas comme chose impossible la générosité du peuple. Songez qu'il est instruit ;
qu'il raisonne, qu'il connaît ses propres inté-
rêts aussi bien que nous , qu'il déteste le cri-
me , qu'il a horreur des exécutions , qu'il n'est
pas avide de sang , mais de liberté. Un peuple
qui pense ainsi n'est pas à craindre même pour
ses propres ennemis : la victoire lui suffit.

LE SUPÉRIEUR.

Ils nous traiteront comme nous les aurions
traités ; en cela il n'y a que justice.

DE QUELEN.

Prêter à la génération présente les sentimens
de nos fanatiques, c'est prouver qu'on ne la
connaît pas. Non ; les Parisiens d'aujourd'hui
sont incapables de commettre les crimes qu'on
reproche aux siècles passés. Les hommes sans
religion ont une conscience qu'ils consultent ;
avec un pareil guide on n'est jamais cruel.

LE SUPÉRIEUR.

Morbleu, Monseigneur , je crains de manquer au respect qui vous est dû. Eh quoi! Vous reconnaissez au peuple des sentimens si grands, si généreux, et vous avez pu conseiller les coups d'état? Et votre cœur semblait satisfait du massacre qu'on faisait de ce peuple? Cela me surpasse!.. Moi, je déteste le peuple français; je sens que je serai toujours son ennemi, que je lui ferai la guerre de toutes les manières tant qu'il ne sera pas soumis au bon plaisir du pape ; cependant, si je lui eusse reconnu une telle noblesse d'âme, une telle générosité, je n'aurais jamais eu la force de le montrer au roi comme une bête féroce, altérée de sang, qu'il fallait anéantir avant qu'elle pût nous dévorer. Je suis fâché de vous parler aussi ouvertement ; dans toute autre circonstance, j'aurai enseveli dans l'oubli ces vérités qui peuvent vous déplaire.

CINQUIÈME ENTRETIEN.

L'Archevêque de Paris; le Supérieur GARNIER; plusieurs Professeurs.

DE QUELEN.

Il s'est passé bien des choses, mon cher Garnier, depuis le 29 dernier que je ne vous ai vu! Mais, grâce à Dieu, il n'y a encore rien de changé à ma fortune. Nous avons même reçu, mes confrères et moi, l'assurance que nous pouvions continuer nos fonctions en toute sécurité, que les nouvelles autorités nous protégeraient.

GARNIER.

J'en rends grâces aussi à Marie ; mais j'avoue que je ne puis pas encore me convaincre de ce que je vois. La générosité de mes ennemis m'étonne ! On nous prépare quelque coup mortel, j'en suis sûr.

DE QUELEN.

Bah! vous avez toujours peur! Selon vous, on devait nous assassiner dès le lendemain de la victoire, et plus de quinze jours se sont écoulés, et nul de nous n'a encore reçu une seule égratignure. J'ai fait un mandement pour attirer la miséricorde divine sur les victimes des trois jours ; et vous voyez que personne n'a réclamé?

LE SUPERIEUR.

Si personne n'a réclamé, à quoi attribuerez-vous ce silence? Croyez-vous que cette pièce ne soit pas déjà jugée? Détrompez-vous, Monseigneur. On sait que vous ne pouvez faire prier que pour ceux qui sont morts en combattant pour la bonne cause. Envain vous publierez que vous êtes l'ami de tous vos diocésains, personne ne vous croira. Je sais ce qu'on pense, et comme votre ami, je vous conseille de ne pas vous montrer en public.

Connaissez-vous, Monseigneur, une pétition au roi au sujet des séminaires ?

DE QUELEN.

Non ; c'est tout nouveau pour moi, avez-vous cette pièce ?

LE SUPÉRIEUR.

Je viens de la recevoir il n'y a pas une heure. Tenez, lisez, vous verrez le coup terrible qu'elle nous porte.

DE QUELEN (lit).

« *Pétition au Roi au sujet des séminaires.* »

SIRE,

» Tout gouvernement sage doit protéger, encourager, payer même les institutions qui tendent à améliorer le sort du peuple en lui procurant la paix intérieure et extérieure, et détruire toute institution qui tend à un but contraire. Ce principe incontestable posé : je dis qu'il faut cesser de protéger les séminaires, qu'il faut même tâcher de les détruire s'ils sont dans cette seconde catégorie : c'est une vérité que je vais prouver.

Je m'arrêterai très-peu sur les petits séminaires, l'opinion publique a déjà fait justice de ces maisons, où l'on professe le jésuitisme tout pur. On sait que c'est là le refuge des enfans des petits-maîtres de la classe inférieure, des fils des fermiers', desp ortiers, des domestiques que l'ambition domine.—Qu'apprend-on à ces eufans?—Du latin, presque pas de français, un peu d'histoire sainte, très-peu de géographie, point d'arithmétique et beaucoup de catéchisme.—En fait de morale, que leur enseigne-t-on? — Rien autre chose que ce qui est contenu dans le catéchi me, expliqué en faveur du pontife romain et du clergé. Pour ces élèves, toute l'histoire ancienne est renfermée dans l'histoire des Hébreux, et tous les peuples de la terre professent la religion catholique, apostolique et romaine, hors de laquelle il n'est point de salut; obéir aveuglément à tous les abbés est le plus saint des devoirs, et leur refuser cette obéissance passive est le plus grand de tous les crimes. —Que deviennent ces enfans quand ils ont été instruits et nourris pendant six ou sept ans aux frais de l'état?

Quelques uns, retournés dans leur modeste demeure, accusent le sort, méprisent leurs parens, grossiers et ignorans, et gémissent d'être obligés de rester dans un état si inférieur à leur éducation. D'autres, dans leur désespoir, vendent le peu de latin qu'ils ont appris, et parviennent quelquefois, à force de bassesse, à pouvoir suivre un cours de médecine ou de droit. Quant aux ambitieux, à ceux qui sont soumis aux désirs cupides de leurs parens, s'ils ont de l'esprit, de la raison, ils font taire leur conscience, et vont droit aux lieux où l'on distribue les places lucratives et les honneurs, s'ils sont bêtes, ils se laissent conduire, et arrivent comme les autres aux grands séminaires.

Les grands séminaires sont composés comme les petits, de supérieurs et d'élèves qui ont le titre d'abbés.

Quelle sorte de personnes sont les supérieurs ou directeurs des séminaires? Ce sont des moines dévoués à leur évêque, qui enseignent tout ce que ce dernier veut, qui épluchent pour la plus grande gloire de Dieu la conscience de leurs subordonnés, et en font part à celui qui a droit de leur commander tout ce qu'il veut (1).

(1) Le 22 juillet 18.., voici la conversation que j'entendis à M., entre l'élève G. et le supérieur G.

Le supérieur. Je voudrais que vous me donnassiez la permission de déclarer votre confession à monseigneur.

L'élève. Pourquoi, monsieur?

Le supérieur. Parce qu'il y a quelque chose qui, je crois, demande une dispense. Si vous n'étiez pas destiné à l'état ecclésiastique, je ne pourrais pas vous garder plus long-temps ici.

L'élève. Comme ma conduite est irréprochable (d'après vos

Qu'enseigne-t-on dans un grand séminaire? Tous les jours on y enseigne quelque chose d'absurde ou de contraire aux lois de l'état : c'est de quoi l'on peut facilement s'assurer en exigeant des professeurs les cahiers qu'ils dictent à leurs élèves.

On y suit un cours de théologie digne de l'ignorance des dixième et onzième siècles.

On y apprend pendant trois mois comment la grace agit en nous, et plus on étudie ce traité, moins on le comprend. Comment la grâce sanctifiante ne sanctifie pas; comment celle qu'on nomme suffisante ne suffit pas pour se sauver.

Les trois mois suivans, on entasse bulle sur

notes), et que vous m'avez promis le secret de la confession, je vous prie, et vous somme au besoin de tenir votre promesse. Je resterai.

Le supérieur. Si je consentais à cela, j'abuserais de la confiance de monseigneur.

L'élève. Quoi! monseigneur vous a donné la direction du séminaire à condition que vous lui révéleriez la confession de vos subordonnés ! L'ai-je bien entendu?

Le supérieur. Mais monseigneur n'est pas comme une tierce personne.

L'élève. Monseigneur est une tierce personne pour moi. Attendez à l'année prochaine, je verrai ce que j'aurai à faire.

Le supérieur. Je ne puis pas attendre...

L'élève. C'est-à-dire que vous n'avez pas attendu de m'en avoir demandé la permission. Adieu, monsieur, je vous remercie de m'avoir appris combien la confession est sacrée.

bulle, argument sur argument, pour prouver que personne ne peut, sans être rôti éternellement, prêter ou emprunter au taux de la loi, cinq et six pour cent.

Les autres trois mois, on vous prouve, sans preuves, que Marie n'a jamais cessé d'être vierge : que dis-je? qu'elle est immaculée par décision du souverain pontife.

L'année suivante, comment on doit se tenir pour adorer Dieu, comment pour la Vierge, comment on doit honorer les apôtres, quelle est la différence qu'on doit mettre entre l'adoration qu'on doit à ceux-ci et celle qui est dûe aux autres grands et petits saints. Quelle est la place que chaque individu occupe à la cour céleste : comment on doit baiser les objets qui ont touché le corps du Sauveur, tels que morceaux de cette croix, qui se multiplient à mesure à mesure qu'on les coupe, tels que clous, couronne d'épines, etc., comment les reliques, les images des saints, etc., etc.

Les trois mois suivans, on vous fait voir les pièces authentiques qui attestent que Sainte-Marie-à-la-Coque a eu un rêve pendant lequel Jésus lui a apparu, et lui a dit qu'il serait bien aise qu'on adorât son sacré cœur, qu'un jésuite, confesseur de ladite Marie-à-la-Coque, en donna connaissance à sa Société, et qu'enfin, sur la parole de la nonne rêveuse, on obtint une bulle qui institua la sublime fête du Sacré-Cœur.

Vient ensuite la question de savoir si Jésus était joli garçon ou vilain. On dispute de part et d'autre, on donne des passages de l'écriture, on s'insulte, on se fâche, on se dit des sottises, le professeur met le holà, et on termine cette discussion comme toutes les questions théologiques : on convient que les deux partis ont raison, et que l'Écriture prouve tout ce qu'on veut.

Permettez, Sire, que je quitte cette énumération, qui ne pourrait que vous fatiguer beaucoup, si je m'engageais à vous parler et de neuvaines de Saint-Ignace, de Stanislas Koska, de François Xavier, etc., qui ont illustré la compagnie de Jésus, et du rosaire, et du chapelet et du scapulaire, et comment on se donne des coups de discipline pendant le *miserere* et autre cas ; si je vous disais comment il faut s'y prendre pour savoir les affaires des autres, si je voulais vous faire sentir les immenses avanta- qu'on retire des congrégations pour troubler la paix des familles. Mais, Sire, malgré que je sente que cette pétition soit déjà trop longue, je suis convaincu que votre majesté me blâmerait, si je ne lui disais pas un mot de la fête sublime, admirable, extraordinaire de *l'intérieur de Marie*, de cette fête qui fait la gloire des grands séminaires, et qui enfante des discours si sublime. Il me semble encore entendre ces

voix passionnées : « Oh! mes amis! quelle bou-
» che d'or pourra jamais vous faire sentir les
» torrens d'amour qui inondèrent le cœur de
» la divine Vierge, quand l'Esprit Saint déposa
» dans ses chastes flancs le fils de l'Éternel?
» Que ses membres durent tressaillir! Quelles
» sensations délicieuses dut-elle éprouver! O
» divine Marie! jouissez de votre bonheur,
» pressez sur votre sein cet amant que vous
» attendiez depuis si long-temps, etc., etc. »

Je finis : si Votre Majesté veut de plus am-
ples détails, elle n'a qu'à ordonner : je suis prêt
à les donner.

J'ai l'honneur d'être, avec un profond respect, etc.

Une victime de M. de Quélen.

Paris, le 15 août 1830.

LE SUPERIEUR.

Eh bien! monseigneur, que dites-vous de
cette pétition?

DE QUELEN.

Je dis... Je n'en dis pas grand'chose... Bah!
on n'y fera pas attention... Je cherche à con-
naître l'auteur de cette pièce... Peut-être qu'a-
vec quelque argent on pourrait le faire taire.
Il se dit ma victime... Mais il y en a tant qui
se disent mes victimes...

FIN

IMPRIMERIE DE CARPENTIER-MÉRICOURT,
Rue Traînée, N° 15, près St-Eustache.

www.ingramcontent.com/pod-product-compliance
Lightning Source LLC
Chambersburg PA
CBHW051323060726

47596CB00004B/1444